AF295009

JULIA BEILS

Gedanken, die fühlen

JULIA BEILS

**GEDICHTE VON
AUSGELASSEN BIS
EUPHORISCH**

IMPRESSUM

Bibliografische Information der Deutschen Nationalbibliothek
Die Deutsche Nationalbibliothek verzeichnet diese Publikation in der Deutschen Nationalbibliografie; detaillierte bibliografische Daten sind im Internet über http://dnb.d-nb.de abrufbar.

Die automatisierte Analyse des Werkes, um daraus Informationen insbesondere über Muster, Trends und Korrelationen gemäß §44b UrhG („Text und Data Mining") zu gewinnen, ist untersagt.

© 2024 Julia Beils

Covergestaltung: inspiritedbooks.at

Verlag: BoD · Books on Demand GmbH, In de Tarpen 42, 22848 Norderstedt

Druck: Libri Plureos GmbH, Friedensallee 273, 22763 Hamburg

ISBN: 978-3-7583-5104-4

Viel Spaß
beim Lesen.

A

wie ausgelassen

SPIELSTAND

Konsole an – Spiel Start.
Zocken, bocken, frohlocken und hochkochen.
Kein Gegner ist zu viel.
Während des Grindens wurde das Level erhöht.
Miniboss, Zwischenboss, Endboss – den Profi-
modus geknackt.

Endlich neue Herausforderungen – die Zukunft
steht klar.

Nächster Tag, die Schule ist aus.
Was mache ich? Na, klar! Weiter mit meinem
Game.

Doch was ist das? Der Spielstand ist futsch.
Ich rufe: „Katastrophe!" Ich werde sauer in einem
Rutsch.

„Wer wagt es, mir die Tour zu versauen, dem
Magier?!

Wart's nur ab."
Nun sitz ich hier dem Ganzen zum Trotz.
Spiele ich mein Spiel.
Ein Neuanfang, so ein Rotz!

KIKI KLAPPERT, ODER NICHT?

Kiki weiß nicht, was sie sagt.
Sie klagt darüber, da es an ihr nagt.
Zu wissen, wie sie spricht –
Das wäre toll, oder nicht?
Sagt sie, wie die Katze: „Miau" –
Oder wie der Hund: „Wau"?
Das Wissen ist ihr zu ungenau
Und sie macht sich weiter schlau.
Ist sie, wie eine Biene am Summen
Oder wie ein Bär am Brummen?
Kann sie so wie eine Krähe krähen
Oder wie ein Schaf mähen?
Sie machte den anderen nach
Und sprach:
„Klipp Klapp!", rief sie laut
Und war über sich selbst erstaunt.
Doch welches Tier macht so einen Laut?
Kiki sieht in den Spiegel und schaut.
Sie ist ein Storch!
Kiki klappert und sagt sich selber: „Horch!"
Sie ist nur noch am Plappern
Und dabei am Klappern.
Kiki weiß jetzt, wie sie spricht!
Das zu wissen ist das Beste aus ihrer Sicht.

TUPPERGRAB

Unordentlich – wer ist das?
Ich – na sowas!
Ich habe mit niemandem einen Vertrag.
Ich schmeiße alles in mein Tuppergrab.

UNENTSCHLOSSENHEIT

Dieses Gefühl - diese Unentschlossenheit!
Und es bietet sich doch diese Gelegenheit.
Neben dir sitze ich hier ...
Und habe einen anderen Platz im Visier.
Ich möchte dich nicht verletzen!
Mich einfach so wegsetzen.
Doch was warte ich noch?
Dieser Platz ist das letzte Loch.
Es ist eine Frage der Bequemlichkeit ...
Und doch ist da diese Unentschlossenheit.

DER RABAUKENKOPF

Der Rabaukenkopf ist ein Schlauberger,
wobei – er macht nur Ärger!
Er macht, was er will.
Er hält nicht mal beim Essen still.
Dabei trommelt er auf dem Topf.
Er ist schon ein kleiner Quatschkopf.
Der Rabauke rupft die Wäsche auseinander
Und macht dabei ein durcheinander.
Er geht an jede Sache
Und läuft herum wie ein Drache.
Man hört einen lauten Knacks –
Es war der Frechdachs.
Dann das Wort Nein.
Er gehorcht – das kleine Engelein.
Jetzt tanzt er ganz fein –
Man kann ihm einfach nicht böse sein.

DER SUPERSPÜLI

Der Superspüli spült nicht gerne.
Nichts verschlägt ihn mehr in die Ferne.
Es widert ihn an,
Er sagt, dass er es nicht kann.
Es ist ihm unerträglich
Und er sagt es tagtäglich.
Wird es unangenehm, verzieht er sich
Und lässt uns dabei im Stich.
Er hat immer etwas vor –
Der kleine Tor!
Doch die Teller stapeln sich.
Es ist alles etwas jämmerlich.
Eine Spülmaschine wünscht er sich
Oder etwas, was sich mit ihr verglich.
So überlegt er hin und her,
denn ausweichen kann er dem Ganzen nur noch schwer.

Doch er trocknet ab heute ab
Und wir sehen nicht mehr auf ihn herab.

ABNEHMEN

Ständig dieser Hunger!
Es bereitet mir Kummer.
Die Lösung – eine Diät.
Ich verliere meine Flexibilität.
Bewusst um meine Gesundheit,
Schlage ich die Rundheit.
Brüste klatschen - lauter Schall,
Es erklingt kein Beifall.
Der Bequemlichkeit zum Trotz,
Gibt es Sport – diesen Rotz.
Weiter machen, weiter lachen!
Aufgeben? Nein! Nicht solche Sachen.
Bebender Boden – die Fressattacke,
Verhungern ist halt kacke.

DER CHARAKTERDRUCKER

Ich schalte an meinen Drucker,
denn ich bin nicht aus Zucker.
Ich fühle mich von Mal zu Mal beknackter,
Denn er überprüft wohl meinen Charakter.
Doch nichts funktioniert –
Er meine Versuche pariert.
Ich wollte nur etwas drucken
Und er mir in das Gesicht spucken.

DIE RANTERTANTE

Kann nicht still sitzen, liegen, gehen oder stehen.
Sie stellt sich auf ihre Zehen.
Sie zappelt dauerhaft.
Es wirkt fast geierhaft.
Mit ganz viel Schwung
macht sie einen Sprung.
Sie summt und brummt,
sie sieht wen und verstummt.
Es ist ein Ganter.
Er dreht sich immer rasanter.
Das sieht nach Spaß aus,
so schenkt sie ihm einen Applaus.
Sie muss sich nicht verstellen.
Sie kann sich einfach dazugesellen.
In dem ganzen Trudeln
merken sie nicht, dass andere jubeln.
Es sah aus wie ein Tanz
Und sie freuen sich an der Akzeptanz.

DIE KNUDDELMAUS

Du bist meine Knuddelmaus.
Das Glück sprudelt aus dir heraus.
Knuddeln, schmusen und kuscheln
Und dabei etwas tuscheln.
Ich könnte mich in dich verlieben
Und möchte so mit dir verbleiben.
Hier in diesem Haus
strahlt Liebe aus dem Fenster raus.

MA[N]N MUNKELT

Ma[n]n munkelt, er wäre ein Wortemacher
Und er erfindet die Worte nur für Lacher.
Er nannte sie Frau Babbelisch
Und sie fand das sympathisch.
Sie war eine richtige Quasseltante
Oder eher eine Tratschtante.
Mich nannte er Weißer Hai
Und malte meine Jacke wie auf einer Staffelei.
Er war schon ein richtiger Phrasendrescher
Bzw. ein exotischer Augenwischer.
Seine Sprüche waren wie eine Oase,
denn er war unser Liebhabhase.

DIE WOLLMAUS

Die possierliche Wollmaus –
Sie lebt in meinem Haus.
Ich habe sie im Visier,
Das ungeliebte Flusentier.
Sie lebt unter unseren Betten.
Wir können uns kaum vor ihr retten.
Sie vermehrt sich einfach so –
Es ist fast wie im Zoo.

DIE ZUCKERPUPPEN

Sie sind ganz wunderbare Menschen.
Ich kann mir niemand Süßeren wünschen.
Ob Knutschkugeln, Honigmäulchen oder
Zimtschnecken:

Man sagt sie würden gut schmecken.
Manche haben sie zum Fressen gern,
So wie ihren Augenstern.
Die Kosenamen sind ganz schön daneben
Und sie sind von ihnen umgeben.
Rücksichtslos gegenüber ihren Gefühlen
können sich andere nicht einfühlen.
Das bereitet ihnen großen Kummer,
denn sie sind doch nicht aus Zucker!

B
wie besonders

ZEIT

Du wünschst dir Zeit
Und eine Erinnerung, die bleibt.
Das habe ich mir auch von dir gewünscht,
Doch war ich so oft unerwünscht.
Ich hatte mir Aufmerksamkeit erhofft,
Die ich nicht bekam, wie so oft.
Ich habe mich gereckt und gestreckt.
Ich habe mir die Finger für ein gutes Wort
abgeschleckt.

Nach all der Zeit wünschst du dir Zeit.
Zeit, die nicht mehr bei uns bleibt.
Ein „Uns" hat es nie gegeben –
Meine Zeit will ich heute anders verleben.
Du wünschst dir Zeit und ich mir auch.
Zeit, die ich heute anders verbrauch.

HÄUPTLING FLINKE LIPPE

Häuptling flinke Lippe hat immer einen Satz parat,
obwohl er keinen Schimmer hat.
Auf jede Geschichte weiß er eines draufzusetzen.
Er will halt als Tausendsassa glänzen.
Das ist viel Lärm um nichts.
In meinem Kopf ist er auch ein Nichts.
Er hat das wohl nötig, von mir anerkannt zu werden.
Doch er hat dauernd etwas anzumerken.
Es gibt kein ‚Wir‘, sondern nur ein Ich.
Wie unglaublich angeberisch!
Seine Fehler existierten nicht.
Das dann auch nur aus seiner Sicht.
Alles ist einfach und kinderleicht.
Es gibt keinen, der ihm das Wasser reicht.
Ich ignoriere ihn und sein Getöse.
Es wird bald still um das enttarnte Böse.

WENN ALLE RASEN, STEHEN ALLE

Beim Essen wird gestopft und nicht diniert,
In der Stadt wird gerannt und nicht flaniert.
Die Fähren rasen – blockieren sich,
Die Autos rasen – blockieren mich.
Gemütlich einen Kaffee schlürfen,
entspannt sitzen – das auch dürfen.
Wo ist die Zeit nur hin?
Hat das denn noch Sinn?
Musik hören ohne den Verdruss,
dass ich rechtzeitig ankommen muss.
Wie oft habe ich mich gehetzt
Und mich dabei abgewetzt!
Müde schaue ich durch rote Augen,
sehe nur noch Menschentrauben.
Ich möchte ruhig flanieren
Und mich nicht dabei blamieren.
Wie oft wurde ich versetzt
Und hatte den Termin festgesetzt.
Wütend über meine Stunden,
Gehe ich die Welt erkunden.
Sollen sie sich doch blockieren,
Ich kann mich nur amüsieren.

Jetzt bin ich ein bisschen schlauer
Und dabei ein Zuschauer.
Wenn alle rasen, stehen alle,
Ich laufe nicht mehr in diese Falle.
Wenn alle rasen, stehen alle –
Wir haben sie doch nicht mehr alle!

LEBEN UND LEBEN LASSEN

Sie sagt:
Leben und leben lassen.
Sie fragt:
Bist du nicht gegen das ewige Hassen?
Ich sage:
Ohne Frage - klar.
Ich frage:
Ist das denn für dich machbar?
Sie runzelt die Stirn.
Ich sehe es arbeiten in ihrem Gehirn.
Dann ganz verlegen:
Bei Uniformierten habe ich was dagegen.
Außerdem meint Sie noch:
Diese Schafe folgen dem Moloch!
Woraufhin meine Meinung – ihre dominiert.
Leben und leben lassen – der Rest krepiert.

BITTER BITTE

In mir herrscht ein Schneechaos,
Dabei fühle ich mich ratlos.
Die Gefühlswelt sagt: „Bitter, bitte."
Und ich sage: „Etwas langsamer, bitte."
Ich sehne mich nach einer Idylle,
Aber bekomme nur Gülle und brülle.
Ich fühle mich wie König Haggard,
Nur hinter mir wartet ein Schneeleopard.
Die Geisterkatze hat ihre Fänge nach mir ausge-
streckt.

Jetzt bin ich auch noch vor mir zurückgeschreckt.
In mir herrscht Chaos.
Ich bin hoffnungslos.

NACHTS

Es ist doch immer das Gleiche.
Ich liege nachts da wie eine Leiche!
Dann reiße ich die Augen auf
Und ich schnauf.
Ich bin aufgewacht.
Und das um Mitternacht!
Ich habe oft darüber nachgedacht
Und schlussendlich darüber gelacht.
Ich möchte nicht die Nacht zum Tage machen –
So nehme ich es gelassen.
Ich habe das ein oder andere gelernt
Und mich von dunklen Gedanken entfernt.
Manch ein anderer wäre jetzt benebelt
Und bekäme nichts mehr geregelt.
Er würde sich verbiegen
Und eine Hotline anrufen mit einem Anliegen.
Im Schutz der Nacht –
Es hat sich schon mancher umgebracht.
Dann schalte ich die Nachttischlampe an
Und denke, wie der Gedanke begann.
Ich bin wohl schon völlig umnachtet,
Wenn ich es so betrachte.
Ein anderer ist in Träumen am Schweben
Und kann dort gehen.

Das Gehirn bunte Bilder auskotzt –
Der Finsternis trotzt!
Ja, die Nacht hat viele Gesichter
Und der Nebel wird lichter.
Sie sagen – nachts sind alle Katzen grau
Und mir wird flau.
Niemand will wie der andere sein
Und sein, wie das nächste Schwein.
Diese Gedanken hat auch wer gedacht
Und liegt jetzt wach.
Ich trete zum Mond hinaus
Und sehe alles in Grau, wie eine Maus.
Mit einem Blick nach oben
sehe ich die Sterne toben.
Ich kann es gar nicht glauben –
Endlich wird mir schwarz vor Augen.

FREUNDE ODER BEKANNTE

Sind wir Freunde?
Es wäre mir eine Freude!
Doch du meldest dich nicht.
Mein Herz knackst und bricht.
Du findest alles prima,
aber bist nicht für mich da.
Jetzt gehörst du zu den Irrelevanten
Und zwar zu meinen Bekannten.

C
wie chillig

FREIBAD

Heute ist so ein schöner Tag,
Im Freibad so, wie ich das mag.
Im See spiegelt sich das Abendrot
Und dort drüben fährt ein Segelboot.
Die Wellen sind ganz von der Rolle.
Oder ich? Nur nicht ganz so dolle.
Dann die warme Sommerluft,
Sonnencreme, der vertraute Duft.
Ein paar frittierte Sonnenstrahlen.
So einen Tag, den könnte ich malen.

VORSÄTZE

Meine Vorsätze fürs nächste Jahr,
Die sind nicht immer klar.
Viele denken an Sport
Und machen ihn vor Ort.
Andere denken daran weniger zu rauchen,
Als Nichtraucher kann ich das nicht gebrauchen.
Abnehmen, gesünder leben, ein Ehrenamt.
Ich denke: „Verdammt,
Dieses Jahr habe ich Schiss",
Als ich die Zähne knirschend aufeinanderbiss.
Ich vermag es kaum in Worte zu fassen,
Denn diese scheinen zu verblassen.
Dann suche ich mir 13 Themen raus.
Der Angst zum Graus.
Eines für jeden Monat
Und jedes eine Wohltat.
Das Letzte als Jahres-über-Thema,
Passend zu dem Schema.
Diese ordne ich nicht frei Schnauze zu,
Sondern ziehe sie und füge sie meinem Glück hinzu.
Jetzt habe ich ein wenig mehr Mut.
Das Jahr wird sicher gut.

NEUANFANG

Es geht um den Neuanfang,
Den ich euch vor kurzem besang.
Es geht um Glück
Und meine Sicht, die ich jeden Tag verrück'.
Es geht um Erinnerung
Und die daraus resultierende Erneuerung.
Ich wäre fast im Chaos ertrunken
Und meine Ziele versunken.
Dieser Neubeginn braucht Orientierung
Und die baldige Realisierung.
Einen Tapetenwechsel vielleicht,
wenn meinen ich - ich habe erreicht.
Mit neuen Strategien gegen Zweifel und Ängste
Sehe ich heute einen Film mit meiner Engsten.
Das verleiht mir Kraft
Und morgen werden neue Dinge geschafft.
Ich sehe mein Potenzial und die Talente
Und ich erlebe mit ihnen so schöne Momente.
Das alles gibt mir Hoffnung und Zuversicht
Und klärt meinen Kopf zu einer anderen Sicht.
Das alles nimmt mir den Schrecken vor dem Alten
Und glättet mir auf der Stirn die Falten.
Ich will noch viel mehr Fähigkeiten ausschöpfen
Und mich nicht selber dafür köpfen.
Das erfordert Willensstärke und ein Ziel –

Es kommt mir manchmal vor wie in einem Spiel.
Ich habe so viele Wünsche
Und jeder Weg eröffnet neue Trümpfe.
Ich erlebe einen ganz neuen Lebenswandel
Und bin am Traumwandeln.
Bleib auf dem Teppich, sagen alle.
Doch ich laufe nicht in diese Falle.
Früher bin ich zu oft eingeknickt
Und dabei umgeknickt.
Das hier ist eine riesige Seelenstreicheleinheit.
Alles andere wäre eine Gemeinheit.
Ich muss auch meine Gefühle rauslassen
Und ich will sie nicht verpassen.
Wir haben alle so viel zu gewinnen
Und können von neuem beginnen.
Ich bin glücklich
Und ich sage es hier ausdrücklich!
Das Leben verbirgt so viele Böen,
Doch das Leben ist schön.

D

wie demütig

ÖFTER ERZÄHLE ICH DIR SACHEN

Öfter erzähle ich dir Sachen,
Über die du anfängst zu lachen.
Damit du es heute lernst:
Ich meine es todernst!
Heute ziehe ich dir diesen Zahn
Und rede dabei im Wahn.
Für dich klingt es unglaublich
Und es versetzt mir einen Stich.
Zu sagen, ich würde lügen!
Ich würde dich doch nie betrügen!
Öfter erzähle ich dir Sachen,
Da kann man nichts machen.
Ich rede doch nicht über Elfen.
Und du möchtest mir plötzlich helfen.
Du hattest mich doch verlacht,
gesagt ich hätte mir alles ausgedacht.
Wirfst mit Hilfe wie mit Steinen,
da fange ich an zu weinen.
Ich möchte doch nicht fort,
Möchte nicht an diesen Ort.
Öfter erzähle ich dir Sachen
Und werfe mir Zeug in den Rachen.

Ich fühle mich gespannt wie ein Bogen.
Nehme ich doch diese Drogen?
Jetzt kann ich klarer denken.
Du brauchst mir nichts zu schenken!
Mein Hirn ist wie auf Watte –
Zugeschnürt wie eine Krawatte.
Mein Luftschloss ist von Staub bedeckt.
Danke, du hast mich aufgeweckt!

KEKSE

In der Hexenküche
Waren die leckersten Gerüche.
Von den Kuchen, Torten und Pasteten –
Und vom Probierteig – dem zum Kneten.
All die Zeit, die wir dort verbrachten,
Und das meistens mit den Krachten.
An das vergängliche Glück
Erinnere ich mich gerne zurück.
Auch nach den vielen Jahren
Konnte ich einiges von dir erfahren.
Einiges wird mir erst jetzt bewusst.
Das ist so nach einem Verlust.
Du hast so gerne die Kekse geknabbert,
doch warst du immer mehr verdattert.
Dann kam der Schmerz, danach der Schluss.
Geblieben ist uns der Verdruss.
Doch da war dein Lachen:
„Komm lass uns Kekse machen.“

E
wie euphorisch

UNBEDENKLICH

Ich bin unbedenklich.
Das Wort ist bedenklich.
Wo fängt die Bedenklichkeit an und wo hört sie auf?
So kam der Gedanke in den Umlauf.
Ich bin also bedenkenlos, so ungefährlich,
Unproblematisch, gar unschädlich.
Absolut – ohne umzulenken,
Kannst du mich getrost und ohne Bedenken,
Einwählen in deine Partei.
Es ist doch nichts dabei!
Ohne Risiko und unverfänglich,
Harmlos und unbedenklich.
Doch ist es nicht einerlei.
Also handle nicht bedenkenfrei!
Es gibt sie sehr wohl, die Bedenklichen.
Die absolut Verfänglichen!
Es ist dein Risiko und nicht mein Los
Und gar nicht Mal bedeutungslos.
Hast du den Stempel,
Wird dir verwehrt der Ehrentempel.

GIB NICHT AUF

Die Spuren im Sand,
Sie sind auf mich gespannt.
Sie sagen: „Gib nicht auf."
Sie sagen auch: „Lauf."
Wie ein Phönix aus der Asche
Stricke ich mein Leben weiter Masche für Masche.

ÜBER JULIA BEILS

Geboren 1992 als Schwester eines Bruders
Wohnhaft in Stockach, Deutschland

WARUM ICH DIESES BUCH SCHREIBE:

Es war immer schon mein Traum, ein Buch
zu veröffentlichen und ich bin überglücklich,
das es jetzt soweit ist.

AUSBILDUNGSSTAND:

Glaserin Fachrichtung:
Verglasung und Glasbau + Fachabitur

LEBENSMOTTO:

„Ausprobieren und Leben."

INTERESSENSGEBIETE:

Schreiben, Malen, Zeichnen, Lesen

TRÄUME:

weitere Ausstellungen meiner Bilder,
mein Studium beenden

WAS ICH EUCH WÜNSCHE:

Gesundheit und Glück^2